AF231640

G. Lacour-Gayet.

—

Bonaparte, membre de l'Institut
de la République Cisalpine.

—

(Extrait de *La Revue mondiale*,
numéro du 15 février 1922.)

—

Bonaparte, Membre de l'Institut
de la République Cisalpine

A la séance du 11 prairial an IX (31 mai 1801) de la 1ʳᵉ classe
(Sciences physiques et mathématiques) de l'Institut national des
Sciences et des Arts, le procès-verbal porte cette mention :

« Le Citoyen Monge présente des épreuves d'une gravure
faite à Bologne, à l'occasion de la réception du Citoyen
Bonaparte à l'Institut de la République Cisalpine ».

Qu'était l'Institut de la République Cisalpine?

Comment Bonaparte en devint-il membre?

Répondre à ces deux questions, ce sera compléter par des
renseignements peu connus la notice que nous avons lue sur
« Bonaparte, membre de l'Institut (1) ».

*
* *

En l'année 1714, le comte Louis-Fernand de Marsigli fonda
à Bologne, sa ville natale, une académie qui prit le nom d'Institut des Sciences et des Arts de Bologne.

Marsigli, dont Fontenelle a prononcé l'éloge comme associé
étranger de notre Académie des Sciences, avait une carrière
de soldat et de savant; les sciences d'observation, comme la
géographie et l'histoire naturelle, l'intéressaient d'une manière
particulière. Aussi voulut-il que l'Institut qu'il fondait fût autre
chose qu'une réunion de beaux esprits; il s'efforça de lui don-
ner avant tout le caractère d'un établissement d'enseignement

---

(1) Séance de l'Académie des Sciences morales et politiques, du
16 avril 1921. — Cette lecture est devenue un livre : *Bonaparte membre
de l'Institut*, avec seize illustrations hors texte; II-94 pages in-8°;
Gauthier-Villars, 1921.

supérieur, destiné aux recherches scientifiques d'ordre pratique L'acte de fondation portait « que la jeunesse studieuse et que toute personne désireuse d'apprendre les sciences pratiques pourrait voir, aussi d'une manière pratique, ces sujets qui dans l'enseignement public ne sont pas du tout traités ou sont traités seulement d'une manière théorique ».

Aussi cet Institut d'enseignement supérieur appliqué comprenait-il des chaires et des laboratoires d'Astronomie, d'Architecture militaire, de Physique expérimentale, d'Histoire naturelle, de Géographie, d'Anatomie, de Chirurgie, d'Accouchement, d'Antiquités, etc. D'autre part, la fondation de Marsigli absorba, au cours du xviii° siècle, deux académies bolonaises · l'académie des *Benedetti*, de caractère scientifique, qui portait ce nom en l'honneur du pape Benoit XIV; et l'académie *Clementina*, qui était une académie de peinture, de sculpture et d'architecture.

L'Institut de Bologne avait déjà acquis une notoriété particulière dans le monde savant, grâce à l'emploi qu'on y faisait de la méthode expérimentale, quand Galvani, qui était l'un de ses membres, fit, à partir de 1780, ses célèbres expériences sur les contractions musculaires des grenouilles. C'est dire que Bologne, qui avait dû jadis à la longue suite de ses jurisconsultes du xii° et du xiii° siècle d'être comme la capitale des études de droit romain, devait à présent aux membres de son Institut d'être comme la capitale des recherches scientifiques fondées sur l'expérimentation. Aussi les étrangers de distinction qui traversaient Bologne ne manquaient-ils pas de faire une visite à l'Institut; ses laboratoires, ses collections, sa bibliothèque méritaient, en effet, d'être examinés en détail. Le 14 août 1796, Joséphine Bonaparte, accompagnée par la femme du sénateur Bentivoglio, visita les bâtiments de l'Institut, qui étaient installés dans un des plus grands palais de la ville; c'est aujourd'hui le palais de l'université. La citoyenne Bonaparte put remarquer que les vitrines présentaient plus d'un vide. Les commissaires qui accompagnaient l'armée française s'étaient fait livrer, le 5 juillet précédent, les pièces les plus importantes des collections. Le vainqueur de Lodi s'était lui-même rendu à Bologne à deux reprises, en juin et en juillet; il devait encore y retourner en octobre.

Quand Bonaparte fonda, au mois d'octobre 1796, la République Cispadane, avec les deux duchés de Reggio et Modène et les deux légations pontificales de Bologne et de Ferrare, le Conseil des Soixante, qui fut le premier parlement élu en Italie, fixa, d'un accord unanime, dans la ville de Bologne le siège de l'Institut national des Sciences et des Arts qui n'était autre que l'Institut fondé par Marsigli.

Quelques mois plus tard, en juin 1797, au lendemain des préliminaires de Léoben, la République Cispadane était devenue la République Cisalpine, avec un territoire beaucoup plus étendu, puisque le Milanais, le Mantouan, les provinces vénitiennes de Bergame et de Brescia, la Romagne étaient ajoutés aux territoires de l'année précédente. L'article 297 de la Constitution du nouvel Etat, exactement calqué sur l'article 298 de la Constitution française de l'an III, portait : « Il y a pour toute la République (Cisalpine) un Institut national chargé de recueillir les découvertes, de perfectionner les arts et les sciences ». En France, l'article 298 a donné naissance à l'Institut national des Sciences et des Arts, qui fut organisé par la loi du 3 brumaire an IV (25 octobre 1795). Dans la République Cisalpine, l'article 297 n'a pas eu à créer un Institut, qui, depuis plus de quatre-vingt dix ans, avait fourni des preuves éloquentes de sa vitalité. Aussi la loi du 19 brumaire an VI (9 novembre 1797) que Bonaparte fit déposer, au nom de la République française, auprès du Directoire exécutif de la République Cisalpine, se borna-t-elle à constater que « de grands établissements, de caractère pratique et en rapport avec l'objet de l'article 297 mettent en valeur la ville de Bologne »; elle ajoutait, en conséquence : « L'Institut national de la République Cisalpine est fixé à Bologne ». Le nom courant de l'ancien Institut du comte Marsigli fut désormais Institut national Cisalpin.

En recevant le texte de la loi du 9 novembre 1797, l'administration centrale du département du Reno, dont Bologne était le chef-lieu, exprime, le 22 novembre « sa profonde recon- « naissance au général en chef, » pour « la présente loi qui est de nature à raviver dans Bologne l'antique splendeur des sciences et à la combler d'une célébrité nouvelle et plus grande » (1)

La République Cisalpine et Bologne traversèrent des jours

---

(1) Pour ce texte et d'autres qui sont cités dans cette notice, on trouvera les références dans l'étude d'Ettore Bortolotti, *Materiali per la storia dell Istituto nazionale*, Modena, 1915, in-quarto.

sombres lors de l'invasion victorieuse des armées austro-russes en 1799 ; mais, le 14 juin 1800, la journée de Marengo remit les choses en état. Le 5 juillet suivant, au quartier général de Bologne, le général Miollis, commandant la 4ᵉ division, adressait « aᵘ citoyens composant l'administration provisoire » la proclamation qui suit :

« Nous plantons aujourd'hui, Citoyens, l'arbre de la liberté qui doit faire revivre les vertus, les sciences, les belles-lettres et les arts. Tandis que vous vous employez à rallumer l'amour de la patrie, je vous invite à le fonder principalement sur l'instruction.

« Le nom de Bologne retentit auprès de tous les peuples civilisés de l'Europe comme le nom d'un des sièges par excellence de la science. Rendons-lui hommage, citoyens, avec une fête publique consacrée aux sciences, aux lettres, aux arts. Célébrez-la le 25 messidor (14 juillet), au jour anniversaire de la liberté française.

« Je serai avec vous pour animer la fête et la rendre plus solennelle.

« Salut et considération ».

*
* *

Comment reconnaître ces hommages publics rendus par les autorités françaises à la gloire de Bologne ? L'administration du département du Reno et l'Institut national Cisalpin furent d'accord que le moyen le plus éloquent était de nommer Bonaparte comme membre de l'Institut. Le général appartenait à l'Institut français, dans la Classe des Sciences physiques et Mathématiques, depuis l'année 1797, il appartiendrait de même à l'Institut Cisalpin.

Le Bolonais Marescalchi, membre du directoire de la République Cisalpine, qui se trouvait alors à Paris, fut chargé de faire une démarche pour savoir si cette idée serait agréable au Premier Consul. Berthollet fit connaître, le 25 septembre, la réponse de Bonaparte : « Le Premier Consul ne verrait qu'avec plaisir que son nom soit inscrit sur la liste des membres de votre Institut ».

Dès que cette nouvelle arriva à Bologne, l'administration du Reno, toujours d'accord avec l'Institut Cisalpin, décida que la nomination de Bonaparte devait revêtir un caractère honorifique d'une nature exceptionnelle : aussi serait-elle faite par acclamation; une inscription garderait le souvenir de cette élection extraordinaire.

L'élection eut lieu, dans la forme qui avait été convenue, le 15 octobre 1800. Ce jour-là, 23 vendémiaire an 9, Luigi Falcani, secrétaire général de l'Institut Cisalpin écrivit à Bonaparte une lettre qui sonne encore avec plus d'emphase dans son texte italien que dans cette traduction :

« Citoyen Premier Consul,

« L'Institut Cisalpin aurait eu peu d'amour pour lui-même, s'il n'avait pas depuis longtemps conçu le désir que votre nom ajoutât à la liste de ses membres un nouvel et rare ornement. Cependant il ne faisait rien, il n'osait vous prier de le satisfaire : il craignait d'encourir le reproche d'avoir trop d'ambition et d'audace. Mais le citoyen Berthollet, en approuvant lui-même notre ambition, nous l'a fait voir en beauté, et, grâce à un si grand homme, nous avons la confiance qu'elle ne doit pas vous déplaire à vous aussi. C'est pourquoi l'Institut, réuni aujourd'hui à cette seule fin et en séance extraordinaire, dési-rant vivement de faire tout le possible pour vous témoigner au mieux son hommage, vous a acclamé parmi ses membres, au milieu des applaudissements populaires et de la joie de tous; il vous a ainsi accordé un titre qui en soi n'est pas nouveau, mais d'une manière entièrement nouvelle.

« J'ai l'honneur, du fait de mes fonctions, de vous en faire part. Je suis chargé de vous rappeler qu'Alexandre tint pour cher le droit de cité de Corinthe ; car il savait que ce droit n'avait été offert qu'à Hercule et à lui. Mais dans la célébrité de l'acclamation il n'y a pas d'Hercule qui vous ait précédé. Quel Alexandre pourra jamais être jugé digne de vous suivre?

« Accueillez cependant cet acte de très légitime respect que l'Institut Cisalpin a à votre égard, et regardez-le comme une chose qui, aussi en vertu de ce nouveau titre, vous appartient.

« Au nom commun de tout l'Institut et en mon nom propre, je vous souhaite autant de bonheur que vous avez de sagesse et de vertu ».

Le Secrétaire général L. Falcani composa aussi l'inscription commémorative; elle fut placée dans la grande salle de l'Institut; une inscription en l'honneur de Pie VII a remplacé en 1816, au même endroit, l'inscription en l'honneur du Premier Consul, membre de l'Institut Cisalpin. Mais une gravure a con-

servé le souvenir de ce monument; c'est la gravure que Monge
mit sous les yeux de ses confrères de la 1re classe dans la séance
de 31 mai 1801 (1).

L'inscription était gravée sur une plaque de marbre, dont
le cadre était formé par des attributs guerriers, des fais-
ceaux, un légionnaire, une victoire casquée. En haut, une
femme planant dans les airs, tendait une couronne au-dessus
du médaillon du Premier Consul. Le texte, par extraordinaire,
n'était pas en latin; il portait :

*
* *

NAPOLEONE BONAPARTE
PRIMO CONSOLE DELLA REP. FRANCESE
GVERRIERO - LETTERATO - POLITICO
SOMMO - INCOMPARABILE
FV ACCLAMATO SOCIO
DI QVESTO ISTITVTO
ADDI XXIII VENDEMMIATORE ANNO IX

A MEMORIA ETERNA
D'VN AVVENIMENTO COSI GLORIOSO
ALL'ITALIANA LETTERATURA
L'AMMINISTRAZIONE DEL DIPARTEMENTO DEL RENO
POSE

Au mois de janvier 1802, après la consulte de Lyon, la
République cisalpine devint la République italienne. L'Institut national Cisalpin changea alors de nom; il s'appela l'Institut national italien. Il fut divisé en trois Classes, comme l'Institut français : Physique et Mathématiques, Sciences morales et
politiques, Littérature et Beaux-Arts. On sait que les arrêtés
de 1803 donnèrent la mort --- sans phrase — à la Classe des
Sciences morales et politiques de notre Institut; au-delà des
Alpes, il n'y eut rien de semblable. L'Institut national italien
eut sa classe de Sciences morales et politiques pendant toute
la durée du régime napoléonien (2). Bonaparte Président de
la République italienne, n'avait pas à l'égard de ce nom les
mêmes défiances que Bonaparte Premier Consul de la Républi-

____

(1) La Bibliothèque nationale, département des Estampes, n° 12655
de la collection Hennin, possède un exemplaire de cette estampe, signée
« P. Palais inv. F. Rosaspina inc. ».

(2) Le tome (divisé en deux parties) contenant les mémoires de cette
classe de l'*Istituto nazionale Italiano* parut à Bologne en 1809 et 1813.
Bibl. Nat., Invent. R. 3694-3695.

que Française; du moins l'Institut italien reçut une composition nouvelle ».

Un premier décret de Bonaparte, rendu à Saint-Cloud, le 5 octobre 1802, nomma trente membres de l'Institut national italien ; parmi eux on remarque les noms du chirurgien Scarpa, du physicien Volta, des astronomes Oriani et Cagnoli, du peintre Oppiani, des mathématiciens Canterzani et Fontana. Ces trente premiers membres devaient dresser au scrutin et à la majorité absolue une liste de candidats en nombre double des membres à élire pour compléter le cadre qui devait être de soixante.

Un second décret de Bonaparte, rendu à Paris le 6 avril 1803, s'exprime ainsi :

« Bonaparte, Premier Consul de la République Française et président de la République italienne :

« Vu la proposition faite... par les membres de l'Institut national réunis à Bologne pour le choix des individus qui manquent encore pour compléter le nombre établi de soixante,

« Décrète :

« Art. I. — Les citoyens Bonaparte Napoléon, Melzi d'Evil... sont nommés membres de l'Institut national ».

Cette nouvelle liste, en tête de laquelle Bonaparte s'est placé le premier comprend trente-et-un noms. La première liste en contenait trente. Cependant les cadres de l'Institut ne dépassèrent jamais le nombre de soixante membres. L'un des membres de la première liste, Carlo Bianconi, mort sans doute peu après, avait laissé une place vacante; c'est pourquoi la liste de 1803 compta trente-et-un noms, au lieu de trente, sans que le total ait été supérieur à soixante (1).

Il ne paraît pas que Bonaparte ait jamais pris part aux travaux de l'Institut national Cisalpin ou Italien, comme il prit part, au moins jusqu'en 1802, aux travaux de notre Institut; mais de quel prestige ne jouissait-il pas auprès de ses confrères d'Italie! En 1806 l'Institut national Italien commença le publication des mémoires de ses trois classes. Le tome I, qui contient des mémoires de la Classe de Physique et Mathémati-

---

(1) Nous devons ce renseignement sur Carlo Bianconi à une obligeante communication de M. le professeur Ettore Bortolotti, de l'Université de Bologne.

ques, s'ouvre par une épître dédicatoire « à la sacrée Majesté de Napoléon premier, Empereur des Français et roi d'Italie ». On y rappelle une visite qu'il fit à Bologne, à l'Institut : « Vous daignâtes venir pour réjouir notre humble séjour et le rendre heureux par votre auguste présence ». A propos des événements des années 1805 et 1806, il est dit : « De vous en fait il se réalise que devant le prodige de votre valeur et de votre sagesse les peuples sont frappés de silence et leurs conducteurs s'accordent sans parler à reconnaître en vous l'arbitre de l'Europe ». Après avoir rappelé le nom d'Alexandre, l'épître se termine ainsi : « Vous avez l'ambition de laisser derrière vous à une grande distance bien moins celui qui dompta l'Asie que celui qui fonda Alexandrie, qui conserva la maison de Pindare, qui envie à Achille le tombeau d'Homère, l'élève et l'ami d'Aristote, le protecteur des Apelle et des Lysippe.

« De votre Sacrée Majesté

« Les très humbles, très respectueux, très fidèles serviteurs et sujets,

« Les membres de l'Institut national Italien ».

Napoléon a-t-il jamais jeté les yeux sur l'épître dédicatoire de ses confrères de Bologne? S'il l'a fait, il n'a pas dû s'étonner de leurs expressions. En cette année 1806 où il jetait à terre le royaume de Prusse, après avoir culbuté le saint-empire germanique, les peuples étaient saisis à la fois de crainte et d'admiration. Qu'il songeât à renouveler la mémoire d'Alexandre autrement que par la gloire des armes, c'était bien l'une de ses ambitions. Et s'il y avait quelque hyperbole dans les louanges des académiciens de Bologne, elle pouvait se comprendre chez des Italiens à l'égard de l'homme, de souche italienne, qui venait de rendre à l'Italie son nom sur la carte de l'Europe.

G. Lacour-Gayet.
de l'Institut.

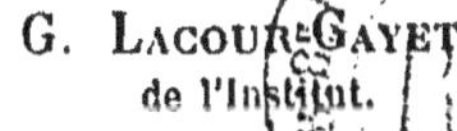